使いきる。

有元葉子の整理術

衣・食・住・からだ・頭

有元葉子

はじめに

大掃除、私はしないんです

もう、ずっとそうなのですが、年末に大掃除をしません。年末だけでなく、大掃除は一年のうちのどこでもしません。そもそも週に何日とか、一日の数時間というふうに、あらためて「掃除の時間」をもうけることはしていないです。

それでも私の家がいつもきれいなのは、毎日ちょこちょこと、気がついたところを拭いたり吸ったりしているからです。

つまり、汚れをためないのです。

汚れだけではなく、ものもためません。

お腹の中にもよけいなものはためないし、心の中にもよけいなものをためない。

入れたものがスムーズに流れて、循環しているのが、快適な体であり、快適な暮らしであると思います。

この本は「片づけ」「整理整頓」「収納」「家事の進め方」「掃除」をテーマにしていますが、そのすべてが本当はひとつながりで、ひいては「気持ちよく生きるにはどうしたらいいか」を考える本になっている気がします。

私自身がこれまでの暮らしの中で感じたこと、やってきたことの「答え」がここにあるのです。

目次

第1章

まずは「片づけ」

第2章　家事の「流れ」を作る

第3章

掃除・メンテナンスの技術

第4章 使いきる＝生きる

第1章

まずは「片づけ」

「掃除」と「片づけ」は別物です

家がきれいじゃないから、とてもじゃないけれど人を呼べない……と嘆く方たちには共通点があります。それは、「掃除」と「片づけ」を一緒くたにしていることなんです。

考えてみてください。机の上にたまっている書類を片づけたり、戸棚の中を整理整頓しながら、掃除機をかけたり、雑巾で拭いたりして掃除をするのは大仕事です。あるいは、片づいていない状態で掃除だけやろうとすると、そこいらじゅう全部拭くことになりますから、これはこれですごく大変です。いずれにしても効率が悪いし、掃除するのがおっくうになってしまう。

でも逆に、「片づけ」や「整理整頓」さえできていれば、掃除じたいはとてもラクなんですよ。それに片づいてさえいれば、ちょっとぐらい掃除をサボっても、家はきれいに見えるものです。

「掃除」と「片づけ」を切り離して考えることから始めてください。

掃除＝掃いたり、拭いたりすることです。デザイナーの佐藤可士和さんと対談したときに、佐藤さんも同じことをおっしゃっていました。彼も「掃除」と「片づけ」を別のものと捉えていて、「掃除＝掃く・拭く」だそうです。多忙な方なのに、佐藤さんの仕事場はとにかくスッキリと片づいていて、きれいなことで有名です。ものが外に出ていなくて、机の上にパソコンしかないのだそう。「だから掃除がラクなんですよね」っておっしゃっていたけれど、私もまったく同感。

家の中が混沌としているならば、まずは「片づけ」や「整理整頓」をしましょう。そのための時間をあえて作ってください。「片づけ」のための時間を。一度にやる必要はありません。今日はこの戸棚を片づけよう、というふうに、1ヵ所ずつでもいいのです。

いらないものをなくし、なくしたら、その状態をなるべく保って、きれいにしておくことが「片づけ」の基本です。実はこれは、戸棚の中に限ったことではなく全部同じなのです。台所も、クローゼットも、車の中も、頭の中も、からだの中も同じ。いらないものをなくして、きれいにしておく――。それが、私たちが快適に生きるための最大の鍵だと私は思っています。

住みたいのはどんな家？

では、「片づけ」はどうやってするかというと……それは、みなさん、ひとりひとりに考えていただかなければならないことです。「掃除」は人まかせにできても、「片づけ」「整理整頓」は自分にしかできない。その人の生き方や考え方や生活習慣が大きく影響しますから、誰かに決めてもらうことじゃないんです。

最初に〝どんな家に自分が住みたいのか〟イメージを持ちましょう。今は散らかっているとしても、片づいたときの自分の暮らしをイメージすれば、何が必要で何がいらないかがわかってくる。

たとえば、すごくあったかい雰囲気で、ものが出ているんだけれど、出ているなりに美しいのが好きなのか。ものがすべて扉の中に隠れていて、クールな感じが好きなのか。その中間あたりがいいわ、とか。海外のインテリアの本なども、イメージ作りの参考になります（私も昔はよく見ました）。どれが良いとか悪いではないです。要は自分が何を好きなのか、どういう空間に住みたいか、です。

エントランスに籐椅子を置き、枯れ葉を集めるのにいいほうき草（とんぶり）のほうきをそばに。都会のマンション住まいでも、なるべく自然の素材を身のまわりに置いています。

マニキュアは1本だけ

私の場合をお話ししますね。私はできるだけ、ものが外に出ていないすっきりとした空間が好きです。ものを扉の中に隠すには——スペースには限りがありますから——いらないものをできるだけ持たないようにする必要があります。

いるもの・いらないものを見極めるとき、台所道具から器から洋服からすべて、私は考え方が一緒です。

すごく単純。道具や器なら「使うか、使わないか」、服なら「着るか、着ないか」。現在から未来に向かって「使うもの」しか持ちません。

たとえば、持っているマニキュアも1本だけです。マニキュアは好きですけれど、お料理をしているとなかなか塗る機会がない。それで使い残して古くなったものは固まってしまうし、市販の薄め液を使ったところで、最初のようにきれいに塗れないんですよね。だから、そのシーズンの新色を1本だけ買って楽しみ、新しい1本を買うときには古いものを処分します。常に1本だけなのです。

マニキュアはそのシーズンの新色から1本、好きな色を選びます。いつも同じような格好をしている私も、そこでほんの少し流行を味わっているというわけ。

持っているのは同じような服ばかり

洋服には浮気をしません。自分の定番みたいなものばかりで、Tシャツが1枚へたってきたから、新しいのを買おう……という感じですので、量もある程度、一定を保っています。クローゼットの中に収まる分しか持ちません。

Tシャツもセーターも、私が持っているのは同じようなものばかり。クルーネック（プレーンな丸首）かVネックの開きで、からだにピタッとしすぎず、ダボッとしすぎない、ほどよいシルエットのものです。自分の体型と趣味に合う服を探すのはひと苦労ですから、気に入ったものと出会ったときは、紺、黒、グレー、白……と好きな色を買い揃えることもします。

だから本当に薄暗いクローゼットでは見間違えるほど、同じような色、同じような形の服ばかりなんです。作業着みたいなものですね。

見方を変えれば、これも、いるもの・いらないものを見極めること。

自分が「着るか、着ないか」を、家に服を持ち込む（買う）前に判断しているわけですから。同じ丸首でも、ちょっと形が違うだけで、なんとなく着なかったりするでしょう？　着ないものを持っているのは嫌なんです。スペースがもったいないし、よけいなものを持っていると、本当に大事なものを大切にできない、使いきれない気がして。

断捨離という言葉が一時期流行りました。あれは、いらないものを捨てると同時に、外から入ってくるものもなるべく減らして、ものに執着しないで身軽に快適に生きる――ということだと思うのですが、私はそれとは少し考え方が違う。

靴を1足買ったら、きちんと手入れをして（手入れをすること自体も楽しんで）、底が破れるまで履く。破れたら捨てる（捨てても惜しくないぐらい、使いきる）。

衣類でも寝具でも台所道具でもなんでも、自分に本当に合うものって、そんなに多くないです。その限られたものを最後までとことん使いきる。自分自身も同じ。自分を使いきって、人生さよならするときは、笑って「はい、さようなら」って言いたいね、そう思っています。

こんな考え方で、ものと付き合おうとすれば……自然にものが淘汰されるはず。家の中が過剰なもので溢れることはないと思うのです。

Tシャツやセーターに細身のパンツ、が定番のスタイル。同じような色・形の、気持ちよく働ける制服みたいな服ばかりを何枚も持っています。仕事柄あまり外に出ないし、「着ないものは持たない」主義なので、外出のときもTシャツやセーターの上に、ジャケットやコートをはおる程度。

スペインの老舗（まるで工場みたいな素っ気ない店でした）で買ったエスパドリーユは、日本円で800円ぐらい。つまり、素足に気持ちいいビーチサンダルみたいなもの。こんなふうにひと夏使って「はい、さようなら」というアイテムを楽しむのも、〝ためない〟暮らしの秘訣。

器は上に「空き」をもたせて

ものを戸棚の中にしまい、外にはなるべく出さないインテリアが私の好み。ものじたいもよけいに持ちたくないのですが、職業柄どうしても大量にあるのが調理器具や器です。たくさんある器に関しては、最初からそこに納めるつもりで、キッチンスタジオの壁一面を天井から床までの壁面収納にしました。

奥行きは持っている大鉢が入る36㎝。棚はすべて可動式ですので、高さを変えられます。和食器、洋食器、ガラス……の種類別に分けたうえで、茶碗や汁椀、取り分け皿など使う頻度の高いものを〝目の高さ〟の棚に置いています。そして上のほうには、使用頻度が少ないもので、軽かったり、積み重ねずにすむものを。下のほうには、重たいもの、大きいもの、重ねてあるもの――という配置です。

実は、器の収納で一番大事なのは、「空き」を作ることなんです。

限られたスペースにたくさん入れようとすると、どうしても器を高く積んでしまいがちですが、そうすると奥に何があるのか見えなくなってしまいます。いったん前の器を出して、奥を確認してから必要なものを取り出して……と面倒なことになるので、結局、後ろにあるものを使わなくなってしまう。つまり、持っているものを「使いきる」ことができないのです。それでは意味がないですよね。

器の数を減らしてでも、「空き」を作りだす――これがとても重要。私自身も、「空き」の部分も含めて、戸棚に収まる量しか器は持たないようにしています。充分すぎるほどありますので、最近は新しい器は滅多なことでは買いませんが、もしも何かが増えたら、それを納めるスペースの分だけ、バザーに出すなどして違う器を処分します。

また、年に2回の「大片づけ」（P38参照）のときに、食器棚の点検もしています。今の自分はどの器をよく使うのか。逆に最近使わなかった器に新しい魅力を感じて、食卓に新しい顔で登場させることも。循環させて、戸棚の中の空気を入れ替えるわけですね。

人間は目も手（触感）も育ちますから、器や道具を使ううちに、しだいに「これは違うかな」というものが必ず出てくるんです。そういうことに気がつくのも、「片づけ」や「整理整頓」の面白さです。

壁面収納は持っている大皿や鉢が入る奥行きにし、棚はすべて可動式にしたので、高さが自由に調節できます。

器を2列、3列に入れるときは、上に「空き」をもたせます。これをしないと、奥に何があるのか見えないし、器が取り出しにくいので、奥のものを使わなくなってしまうのです。

「目の高さより上のかご」の秘策

ものが外に出ていない我が家の、例外がかごです。スタジオも、自宅も、本当にかごだらけ。自然のものが好きですし、人の手でしっかり作られたものは、見た目もきれいで、使うごとに風合いが増して、長持ちしてくれるのがいいんですね。

平べったいかごには葉を敷いておにぎりをのせたり、もちろん果物や野菜を入れたり。手つきのかごはものを入れるだけでなくて、買い物にも持って出かけます。単なる飾りものということはなく、うちのかごは実によく働かされている。

収納にもかごが大活躍で、たとえば空き瓶はかごひとつにまとめています。

ドレッシングやたれを作ったときなどに空き瓶は必要ですが、とっておくものには厳しいルールがあります。口径が広い寸胴型の使いやすい形であること。ウエストがくびれていたり、口が小さかったりするものは捨てます。それから、ふたの開閉がスムーズなこと。シールがきれいに剝がれること。ピーッときれいに剝がれなかったり、剝がしたあとがベタベタしているような瓶は、どんなにおしゃれなデザインでも捨ててしまいます。

そうして選別した空き瓶は、煮沸消毒してもにおいがこもりますから、ふたと本体を別々にして、かごの中に入れておきます。瓶は重いので、頑丈な築地のかごに入れ、この中に隠れる量しか基本的に持ちません。そして、このかごは自宅のキッチンの、目より上の位置の棚に置いています。

そう、置き場所も重要。私はオープンの棚が好きで、スタジオも自宅も、キッチンや洗面所の上のほうに棚をつけているんですけれど、かごは全部、ここのオープン棚か、食器棚の上にのせています。目の高さより上なら、中にものが入っていても、外からはかごしか見えないので生活感が出ません。

ゴミ袋も薬も、「目の高さより上のかご」に収納しています。洗面台では「目の高さより上のかご」に化粧品も入れています。口紅は3本あれば充分、という人で、化粧品も大した量じゃないので、私は小さめのかご1個ですんじゃう。使うときはかごを下ろして、使ったらまた上に戻せばいいのでラクです。

空き瓶は頑丈な築地のかごにざっくりと入れています。においがこもらないように、ふたと本体を別々にして。かご自体は、自宅の台所の「目の高さより上の位置」にあるオープン棚に。

スタジオのオープン棚もかごばかり。「目の高さより上のかご」は中にものを隠していても、外からそれとわからないのがよいところ。日本のかごもイタリアのかごも、一緒に並べて違和感がありません。

キッチンツールは「立てる」に限る

キッチンツールを引き出しに入れている家も多いかもしれません。でも、空間というのは平面ではなく、縦に使ったほうがよい――というのが私の出した結論。これまでいろいろと試した結果、「キッチンツールは立てる収納が一番」、そうわかりました。探しやすい、取り出しやすい、しまいやすい、それに何よりたくさん入るのです。

でも大きな瓶に立てると倒れやすいですし、割れたら危険です。清潔なステンレス素材で大きな筒のようなものはないかしら……と、ずいぶん探したのですが、ないんですね、巷にそういうものは。それで、ステンレス製品のメーカーと台所用品を共同開発することになったときに、「こういうものが欲しい」と訴えてツールスタンドを作りました。底に重りが入っているので倒れにくく、ステンレス製だから見た目もすっきりとしています。汚れたら洗えるのも利点です。

箸やナイフ&フォークも、このツールスタンドの小さいサイズに立てて収納しています。ふだんは戸棚の中に入れていますが、使うときはスタンドごとテーブルの上に運べてラクだし、食卓の上でも嫌じゃない見た目も気に入っています。

プラスティックは家に入れない

むやみやたらと、ものを持たないためには、素材を限定するのもひとつの手かもしれません。たとえば私は洋服は、コットン、シルク、カシミア、上質なウールのものを選びます。化繊は通気性が悪く、汗も吸い取らないし、肌触りが気持ちよくないので着ません。ハイテク素材のようなものは苦手です。

家の中になるべくプラスティック製品を入れない、というのも我が家のルール。道具はステンレスや銅などの金属か、竹や木などの天然素材のものを選びます。手触りの良いことはもちろん、それが目に入ったときにも〝気持ちいい景色〟であることが大事なんです。たとえばスリッパ入れのようなものも、プラスティック製のラックなどは嫌で、大きなかごにガバッと入れておけばいいと思う。

習慣なんでしょうね、持参したペットボトルの飲み物を、テーブルにポンと置くような方もごくたまにいますが、目障りで仕方がないので、置いて行かれたらすぐに処分します。エコロジーの点からも美観からも味の点からも、ペットボトル飲料はうちに持ち込んでいただきたくないのです。

カレンダーも時計もありません

それが当たり前になっているので、自分では気がつかないのだけれど、みなさんから見れば、うちは「ないものだらけ」なのだそうです。

まず、壁に何もない。昔からずっとそうなんです。カレンダーもなければ時計もありません。そういうものがあると、家の中がごちゃごちゃしてしまうので、私は嫌なんですね。日にちを確認するときは手帖を見る、時間を知りたければ腕時計を見る、それで事足りるのですから。

窓にカーテンも掛けません。スタジオにも自宅にも、野尻湖の山の家にもありません。レースのカーテンと厚手のカーテンを二重に吊すようなスタイルが、一般的とされているのでしょうか。だけどそれって、欧米の大邸宅ならともかく、日本の狭い住居には美しくないと感じます。カーテンはほこりがたまりやすいですし、あれがあると、狭い空間がよけい狭く見えてしまう。

フラットな窓そのままが一番すっきりします。陽ざしを遮《さえぎ》りたかったり、目隠しをしたいところは、私はロールスクリーンをつけています。野尻湖の山の家は山側の壁一面がガラス張りですが、まわりが木々ばかりで人目もありませんので、もう、何もつけずに窓ガラスのそのまま。朝も昼も夜中も山の景色が見えるのって、素敵ですよ。

ゴミ箱も、キッチンにはあるけれどリビングにはありません。そんなに広いわけじゃないから、キッチンへゴミを捨てにいけばいい。だいたい、ゴミを入れた箱が家のあちこちにあるのって、私は好きではありません。洗面所にもゴミ入れを置かず、私は小さめの紙袋のしっかりしたものを置いて、その中にゴミを入れて、こまめに袋ごと捨てるということをよくします。

ティッシュの箱がリビングにある家も多いのかな。なんでもかんでもティッシュで拭く習慣は改めたいですね、エコの意味でも。テーブルが汚れたら台ぶきんで拭くし、床に何かこぼしたら雑巾で拭くし、食事中は紙ナプキンを使うわけだし、うちではリビングにティッシュは必要ないです。風邪で鼻をかむときには一箱そばに置いておきますが、ふだんは洗面所にあるだけ。

当たり前のように部屋に置いているものの中にも、「あら、案外いらなかった」というものがあるかもしれません。暮らしの再点検が必要です。

旅にガイドブックは不要です

何しろ「たまる」ことが私は嫌なんです。「たまる」というのは、滞ることでしょう？ 流れないこと。それが気持ち悪い。部屋の隅にほこりがたまっているのも、川の流れが悪くて淀んでいるようなのも、心の中に何か嫌な感情がずっとあるのも、すべて気持ちが悪いです。だから、サッと掃除をしてほこりをためない。何かに対して不満があるようなときは、ちゃんとそれを伝えて、心の中に何もためない。川の流れだけは、私の力ではどうすることもできないですけれど。

放っておくと「たまる」ものの筆頭が紙類です。私は外出から帰ったら、バッグの中身はすべて小さなかごに出します。そして財布の中のレシートなども、その日のうちに出して簡単に仕分けをし、ファイルに入れてしまいます。

郵便物はその場で開けて、いるものといらないものに分け、いらないものはすぐに捨てます。必要なものも封筒は捨てて、中身の書類だけを項目別に分けたポケット式のノートファイルに納めます。封筒のままとっておくのは厳禁。引き出しに入れておくにしろ、ファイルに入れるにしろ、封筒のままではかさばって、すぐにいっぱいになっちゃうので。

もちろん、封を切らずにそのまま数日おいておく、なんていうことは絶対にしません。そもそもそういうものを置いておく場所を作らない。テーブルの上にはいつも何もない状態にしておけば、郵便物が積まれることもないのです。

仕事柄、雑誌が送られてくることが多いですが、これもその場でバーッと見て、必要なところがあればピッと切って、すぐに処分します。

雑誌の旅記事をとっておく人もいるかもしれませんが、私はそれもしません。人のおすすめで旅をしたくないから。自分で歩いて面白いところを探すのが、旅の醍醐味でしょう。無類の旅好きですが、ガイドブックも持っていないし、旅に持っていかないです。本に載っている店はだいたいおいしくないですし、有名な観光地に行って、観光客の顔を見るようなことはしたくない。

国内でも海外でも、観光地ではなく、その土地のことを知りたいんです。だから行った先の、たとえば酒屋さんとか、おいしいものが好きそうな人がいるところで良いお店を教えてもらったり。そういう旅を今までずっとしてきました。

お正月とお盆は「大片づけ」のとき

日々の暮らしの中で、よけいなものを持たず、ためないようにしていても、どうしてもものは増えていきます。ものが増えれば、「この棚の2段目にはこれを置く」というふうに、せっかくできていた「片づけ」「整理整頓」も少しずつ崩れていってしまう。これは仕方がないことです。

だから少し時間があると、私は「大片づけ」をするんです。

私の場合はお正月とお盆が「大片づけ」のとき。みなさんが仕事を休むときは、私も必然的にお休みになりますので、そこでガーッと片づける。掃除は毎日ちょこちょことやっているので、「はじめに」にも書いたとおり、暮れに大掃除はしません。その代わり、お正月はお節をいただいたあとは、いつもひとりで「大片づけ」をしているんです。

これは実は楽しみでもあるんですよ。戸棚の中のものを出して、ひとつずつ、「これ、どうなの？」と自問自答しながら、いるもの・いらないものを見極めるのは。ある意味でスリリングですし、それでものが減るのは気持ちいいですから。

私にとって、ものは最後まで使いきりたい相棒なので、衝動的にパッと捨てるようなことはできません。要不要を見極めるには、それなりの時間が必要です。

たとえば器なら、10枚まとめて買った中にちょっと端が欠けたものがあると、「まだ使えるし、う〜ん、どうしようか」と悩んで。残すとしたら、「どんな器との組み合わせで使うのがいいかしら」と、そこまで考えてから、いる・いらないを判断したい。だから時間がかかるし、すごく面白い。面白いというのは、ものの要不要を問うことは、そのときに自分が「この先どうありたいか」を問うことでもあるからです。


そうして、ものの量が減ったら、次はいるもの（残ったもの）を使いやすく収納することに時間がまたかかります。この器はこっちの棚に移して、もっとよく使うものを下に下ろして……ということをいろいろやってみるわけですね。

年2回の「大片づけ」は、今回は器、今回は鍋釜、今回は洋服……というふうに場所ごとに少しずつやります。不要なものは、人に使ってもらえそうなものはバザー箱に入れて、そうでないものは潔く捨てます。

片づけは片っ端から！

　わりとなんでも段取りよくやるほうなのですが、いくつかの仕事が重なったり、大急ぎでやらなければいけないことが終わると、たとえば台所の台の上などがすごい状態になっていることがあります。そういうときはもう、片っ端から片づける。文字通り、片っ端から片づけるのです。これ、よくできた言葉だと思います。

　バーッといろんなものが散らかっているとき。見ていると、「あれとこれはこっちにまとめて」というふうに、散らかっているものを分類しようとする人がいる。そんなことをしていたら、いつまでたっても片づけ終わりません。

　分類はいっさいせず、こっちの端からガーッと片づける。本当にそれが一番早いです。台なら台の片っ端から、散らかったものをひとつずつ片づける。真ん中からじゃダメなんですよ。片方の端から順番に片づけていくと、片づいたところが空いてくる。片づいたことが目で見えてくる。そうすると、ここまで何分かかったから、あと何分で終わるとわかる。目安がついてやる気も出るんです。

「ちっちゃい指定席」のススメ

先にも書きましたが、うちのテーブルにはものが何ものっていません。スタジオはもちろん、自宅も、ひとり暮らしなのに大きいテーブルを使っているんですけれど、そこにもパソコンが1台のっているだけ。

となると、届いた郵便物をとりあえず置きたくても、それができないんです。何ものっていないテーブルに、余計なものって置けないんですよね。逆に、テーブルの隅などにいつも何かがのっていると、ものがものを呼んで、テーブルが侵食されていくんじゃないかしら。

仕事柄もあって、うちには郵便物がよく届きます。とりあえず置く場所がどこにもありませんので、その場で封を切って、すぐに中身を確かめることになります。いらないものは即捨てますが、問題はとっておくものです。ファイルにきちんと納めるべき書類と、そこまではないけれど、あとで目を通してから捨てようとか、期間限定でとっておきたいとか、そんな書類もあります。

そういうもののために、紙ものを納めるファイルをしまっている棚に、高さ4cmぐらいのほんの小さな空きスペースを作ってあるんです。とりあえずとっておく紙もののための棚です。

4cmって、とっても小さいんですよ。「ちっちゃな指定席」なんです。封筒に入れたままの郵便物なんか置いたら、すぐにいっぱいになってしまいますから、封筒から出して書類だけを入れています。それでもすぐにいっぱいになるので、書類を敏速に処理するようになります。「小さい」ことが大事なのです。ここが大きいと、未整理の紙類の永住場所になっちゃうので。

買い物をしたあとの紙袋も、私はマーケットの紀ノ国屋などのしっかりした手つきの紙袋（特別大きなものでない普通サイズ）ひとつに収まる分だけ持つと決めています。これも「ちっちゃな指定席」ですね。そこからはみ出したら捨てたり、ゴミ箱がわりに使ったりして、せっせと消費します。

ものをとっておく場所が小さいほど、ものはよく「動く」。これも、ためない暮らし、風通しのよい暮らしの大事な法則です。

いらないものをなくして、きれいにしておく

とってもシンプルなことなんです。台所も、戸棚の中も、冷蔵庫の中も、クローゼットの中も、車の中も、頭の中も、体の中も、全部一緒です。

いらないものをなくして、きれいにしておく——。

それが、私たちが快適に生きるための答えです。

「片づけ」や「整理整頓」は、いつかやろうと思っていて、できるものではありません。今やらなければいけない、その理由をお話ししましょう。

家が狭いから、好きな空間じゃないから、時間がないから今はできない（あるいは「したくない」かな?）。でも、できるようになったらやろう……という考えだと、いつまでたっても快適な暮らしは手に入りません。誰だって同じだと思うのです。自分が本当に望んだ通りの住空間が与えられているわけではない。でも、それでも、今あるこの空間を自分なりに精一杯美しく使っていると、より良い空間が次に待っている——。

これね、本当なんです。ちょっと不思議な話だけれど、そういう経験をしてきて、私自身がびっくりしているのです。

別にそれを望んでやっていたわけじゃないんです。ただ、一所懸命暮らしてきたんですね、私はどの年代もどの時代も。狭い空間だったり、たとえ気に入っていない環境だったとしても、そこに住んでいるときは、「これ以上はできません」っていうぐらい、自分なりに美しさや快適さを追求する。その空間を充分に使いきる。するとなぜか自然に、次の良いものが待っている。私の場合はそうでした。

ですから、あきらめないでください。たとえ今、家が散らかっていたとしても。いらないものを「片づけ」て、ものの「整理整頓」をしましょう。収納場所や収納方法を「これがベストかな」と考えてみましょう。ものの置き場所は、すぐに決まるものではないです。私も試しに鍋をいつもと違う棚に入れてみたりして、それで「やっぱり、こっちのほうがいいわね」と元に戻すようなことをしているんです。日々、〝快適〟を更新中。それでいいのです。

そうして「片づけ」がすんだら、次は家事の「流れ」を作ります。

第2章

家事の「流れ」を作る

「スタート」は何もない状態

台所仕事の始まりはいつも、ものが何も出ていない状態です。

調理台にも、エレクターに板を渡した棚の上にも、ガス台にも、なーんにも出ていない。道具はすべて、戸棚の中などの所定の場所でスタンバイしているのです。

もちろん、シンクの中に洗いものが残っているなんていうことはありえません。シンクじたいも前日の台所仕事の最後に、食器などを拭いたあとのふきん（和太布《わたふ》↓P52参照）できれいに拭き上げて、水滴がついていない状態にしてあります。

床もモップで拭いてあります。

ゴミもありません、前日のうちにまとめて、建物のゴミ置き場へ運んでしまっているからです。

水きりかごの中も何もない状態です。ちなみに愛用の水きりかごは、私がメーカーと共同開発したラバーゼのもので、洗ったものの水が自然にシンクに流れるように、傾斜つきのトレイが下にセットされています。

この水きりかごを一日の台所仕事の終わりには、ふきんでサッと拭くのですが……。スタジオではアシスタントと数名で働きますから、誰かがちゃんと拭いたことが、「目で見てわかる」ことが大事なんですね。そのために、「トレイの裏側まできちっと拭いてあります」という確認の意味もあって、トレイを引き出して、かごの上にのせておくんです（P103参照）。「そんな形の水きりかごは見たことがない」ということで、たまに目撃した人には驚かれます。まぁ一般の家庭でそこまでやる必要はないですが、それでも、水きりかごを拭くぐらいは習慣にしたいもの。

「さぁ、料理をしよう」という一日の始まりに、前の日の〝仕事〟が残っていると、新しい気持ちで取りかかることができません。前日に使った鍋などを棚の中にもどしたり、食器を片づけるところから始めるのは大変ですし、気持ちが改まらない。決まりが悪いです。

ですから一日の終わりにはとにかく、全部きれいに片づけて、外に何も出ていない状態にしておく。その日のうちにできるだけやってしまう。そして、まっさらな気持ちで翌日は台所に立つ——。家事の「流れ」をつくるうえで、これがとても大事なのです。「滞らせないこと」です。

右・一日の始まりのキッチン。ものが何も出ていない状態で、まっさらな気持ちで仕事を始めます。

上・トレイを、下にセットして、水きりかごも活動開始。トレイがシンクの上に出るように置くと、洗いものをしているときに、自然に水がシンクに流れてくれます。横長のカトラリー入れはスポンジ置き場にも。スポンジは目立たないか、キュートかのどちらかです。それで見た目もイヤじゃないラバーゼのスポンジを作りました。

ふきんがなければ始まらない

台所仕事を始めるとき、まず、傍らになくてはならないのがふきんです。
私はスタジオでは2段のワイヤーバスケット（キャスターつき）を専用のふきん入れにし、シンクのそばに置いています。一般の家庭でそこまでの量は必要ないですが、でも、あらかじめ量がないと惜しまず使えないので、きれいなふきんをたっぷりと用意しておくといいでしょう。
バスケットの中に常備しているふきんは、
1・和太布《わたふ》
木綿の布を細かく砕いて糸を作り、その糸で織り上げたふきんです。吸水性が高く、食器を拭くのに最適。34㎝×35㎝。和太布はたくさん用意しておきます。古くなったものは瓶の口を拭いたりするなど掃除にも便利。本当にぼろぼろになるまで使いきっています（和太布の洗濯についてはP118で紹介）。
2・びわこ

和太布と同じ製法で作られた木綿のふきん。和太布よりも織りが粗く、サイズは小さめです。32㎝×35㎝。このふきんはもともと、琵琶湖の汚染が深刻となり、その原因となる合成洗剤を使わない運動が起きた時期に作られたもの（そこから名前がついているそう）。でこぼこでうねりがあるため、洗剤をつけなくても、ぬるま湯で油汚れまでよく落ちます。私はよっぽどひどい汚れでない限り、洗剤をつけずにびわこで洗っています。

3・さらしのふきん

昔ながらのさらしのふきん。だしをこしたり、炊きたてのご飯を移したおひつにかけたりするときに欠かせません。ガラスのコップもさらしで拭くと、普通のふきんで拭いたときよりも光が出てきれいになります。和装小物店やネットで反物の状態で売られていますので、使いやすい大きさに切って使用します。

4・薄手のタオル　雑巾として使用。温泉でくれるような薄手のタオルが◎。

5・かやふきん　台ぶきんとして使っています。

以上のふきんを揃えていて、色は白ばかり。いずれも洗剤＋漂白剤で、顔を拭いても大丈夫なくらい、真っ白に洗っておきます。

右・愛用している和太布のふきん。一番上にある昔ながらのさらしのふきんも、日本の家庭料理の必需品です。

上・ふきんはキャスターつきのワイヤーバスケットにまとめています。上段にはよく使う和太布、びわこを。下段は手前にさらし、料理に使うガーゼ。奥に雑巾として使うタオル、台ぶきんとして使うかやふきんを。バスケットの中にも指定席があるのです。

台所には「台」がないと！

空間を写真のような静止画像でとらえないで。空間は立体的なものです。人が立ち働き、ものが動く、それが空間です。だから、たくさんのものに空間を占領されて、動くためのスペースがない——なんていうのは本末転倒ですよ。

台所には「台」がなければいけないんです。なんにも置いていない作業台や棚などの「台」です。大根やキャベツといった食材を置くだけでも、結構な場所をとるし、切ったものをバットに並べたり、調理途中のものをちょっと置いたり、鍋から人数分の器に盛り付けたり……。台所仕事にスムーズな流れを作るには、「台」が多いに越したことはありません。

シンクやガス台の横の調理スペースが狭ければ、上に何も置かないワゴンを使ったり、何も置かない棚を作って「台」としましょう。道具をよけいに持つよりも、「台」を持つことがお料理上手への近道です。もちろん、「台」には調理中しかものを置かないこと。ものの置き場にしては意味がありませんので。

そのときに使う食材や、調理途中のものを置くために、私はエレクターにオリーブの板を渡した棚を置いています。一般の家庭ではこんなに大きなスペースは必要ありませんので、小さなワゴンなどを使ってみてはどうでしょう？

これも、エレクター＋オリーブの板の「台」。腰高なので、この上にまな板を置いて切りものをしたりもします。下にはボウルやバットを重ねて収納。

冷蔵庫は通過点

冷蔵庫も、ものが動くための空間です。肉や魚や野菜などの生鮮食品を一時的に入れておき、食べてしまったら、あとは空間になっているのが理想です。

冷蔵庫にものがぎっしり詰まっていて隙間がない……という方は、ちょっと客観的に考えてみるといいと思う。冷蔵庫の中に入れてある〝本当においしいもの〟って、ごくわずかではないかしら？　たいていのものは冷蔵庫や冷凍庫に入れると、時間がたつほどに味が劣化します。独特のにおいもつきます。

冷蔵庫に入れておくのは、みそなどの基本の調味料、卵などのわずかな食品、肉や魚のマリネといった〝時間がおいしくしてくれるもの〟に限ります。ものが少ないほうが冷えますし、充分な空きスペースを作っておいて、その日に食べる冷やしておきたいものを入れる——という使い方です。冷蔵庫は通過点なのです。

でも、そんなふうに心がけても、冷蔵庫の中にも自然にものはたまってしまう。だから私は「片づけ」を兼ねて、毎日ちょこちょこと、冷蔵庫の徹底拭き掃除をしています。

冷蔵庫の棚2段分ぐらいのスペースは、いつも何も置いていない棚＝空間です。ここに、この日はサラダ用の野菜が入ったボウルがふたつ並んでいます。上段の棚には基本の調味料や、手作りのドレッシングやみそ漬けなど“時間がおいしくしてくれるもの”だけを。

葉野菜やハーブは、ざるを重ねたボウルに入れて、ステンレスのふたをしておくと、新鮮さが長持ちします。直径29㎝の大きなボウルのセット（ラバーゼのもの）がすっぽり入る空間が、冷蔵庫にあるからこそ、の保存法ですね。

調味料は「容れ物」を揃えます

毎日使う調味料は、調理台の下の戸棚が指定席です。

日本の自然塩も、フランスのゲランドの塩も、片栗粉や砂糖なども、もう長年、調味料は同じ「容れ物」に移して使っています。容器がまちまちだと、収納スペースにどうしても無駄ができますし、出し入れもスムーズではないので。一度に買う量の少ない調味料も、あえて同じ「容れ物」に移すのが得策です。

愛用しているのはタッパーウェアの楕円《だえん》形の保存容器。なぜかと言えば、底の大きさが同じで、高さの違うサイズがあるからです。底の大きさが揃っていると、上に容器を重ねられるので、狭い棚の中を有効に使うことができる。ちなみに収納は横（平面）よりも、縦（高さ）で考えたほうが、効率と使い勝手がいいです。

しょうゆ、みりん、米酢、酒といった液体調味料は一升瓶で買って、やはりタッパーウェアの同じディスペンサーに移して使っています。同じ容器ですから、もちろんラベルを貼って、中身を明記して使います。空になったらきれいに洗って、また使います。

塩や粉類は楕円形の同じ容器に移しています。タッパーウェアの容器は密閉度が高く、しっかりしていて、さすがによくできているという感じ。長年愛用しています。

液体調味料もタッパーウェアのディスペンサーに移して使っています。液だれしなくて、使いやすい容器です。

仕事ができる格好＆姿勢になりましょう

私にとって、台所仕事は片手間にできるものではありません。料理を仕事にしているからではなく、昔からそうでした。３人の娘を育てた専業主婦のときも、台所に立つときはいつも真剣。かぶを切っているときは、かぶと自分が一体になっている——。そのぐらいの気持ちで向かわなければ、おいしい料理は作れないし、私たちの血肉となってくれる自然界の命に対してもうしわけないと思う。

ですから台所に立つときは、ちゃんと〝仕事着〟になります。といっても簡単で、胸や脚を覆うエプロンをつけて、ウエストで紐をキュッと結ぶだけ。これだけでも、「さぁ、料理をしよう」という気持ちの切り換えができます。

姿勢にも気をつけます。料理教室の生徒さんたちを見ていると、お腹がいつも調理台にくっついている。「ほら、お腹」「こぶし1個分あけて」と注意すると、みんな、そのときはキュッと引き締めるのだけれど……。お腹をいつも引き締めて、きれいな姿勢で調理をすれば、お料理の出来上がりも違うし、シェイプアップにもなるんですよ。

お腹がくっついている――と気がついたら、キュッとひっこめればいいんです。それを繰り返すうちに、いつかきれいな姿勢が身につきます。とはいえ、いつも娘たちに「ほらお腹!」とか「背中!」ときつく言われているんですけれど。台所仕事は夢中になればなるほど、前かがみになりやすいもの。もっと注意しなければいけませんね。

スペースの「空き」はこのときのため

冷蔵庫の中も戸棚の中も、ものをできるだけ減らして、「空き」を作っておく。それがどんなに家事をスムーズにしてくれるかは、この本のほかのページにも書きました。空間はものを「納める」ためだけでなく、ものが「動く」ためにある、ということです。

たとえば人を食事に招いたとき。酢の物やマリネなど、あらかじめ作って冷やしておきたい料理も多いですから、冷蔵庫の空きスペースは必須です。それに、いらした方が食後のデザートやフルーツなどを持ってきてくださったら、冷蔵庫の空きスペースにサッと入れられます。

戸棚の中を丸ごと、あるいは数段空けておいて、使う食器を先に用意しておくのもとてもおすすめです。

その日の献立を決めたら、食器棚から器を出して、テーブルの上に並べてみて、コーディネイトを考えます。そうして使う器を選んだら、人数分を戸棚の空きスペースに入れておくんです。お皿だけでなく、箸やナイフ＆フォークなども小さなツールスタンドに入れて、棚の中に入れておきます。使うナプキンも、お敷きも。使うものを丸ごと納めておきます。

こうしておくと何がいいって、慌てないのです。頭の中でいくらしっかり組み立てても、いざ動き始めると、何かを忘れたり、段取りを間違えたりしがちです。ところが、器をあらかじめ用意しておくだけで、その日に自分が台所でやることが明快になる。心に余裕ができる。使う器が頭の中にあれば、切りものをするときも、材料を切る大きさやサイズがとっさに浮かびます。

だから、「人間って面白いな」と思うんですよ。こんなちょっとしたことで、時間や体や神経の使い方が違ってくる。落ち着いて仕事ができて、家事がスムーズに流れてくれる。本当に大きな違いです。

私がやっているのを見て、ご主人とのふたりの晩ごはんでも、棚の空きスペースの中に食器のセットを作っている方がいますが、「これは画期的です。うっかり忘れがないし、慌てないための大切なコツですね」と言っていました。日々の食事を大切に思う方は、ぜひ、お試しになるといいと思います。

上・冷蔵庫の中に「空き」スペースがあれば、要冷蔵のいただきもののお菓子もサッと入れられます。

左上・リビングの戸棚のひとつは「空き」スペースです。

左下・戸棚の「空き」スペースに、あらかじめ使う器をセットしておきます。このおかげで台所仕事までスムーズになるから不思議。

野菜の皮は捨てると、誰が決めたのですか

かぶでも大根でも、切っているときは自分がそれと一体になっている――。変な言い方ですが、料理中は本当にそのぐらい、素材にのめり込んでいます。大げさなようですけれど、私が大根だったら――と。

だから、大根の皮をむいているときに、ふと思うわけです。「この皮、どうする？捨てる？」って。自分の体すべてが自分であるように、大根は皮もしっぽも葉っぱも大根そのものなんですから。

それで皮を干して、干し野菜にして、カリッとした食感の炒め物に仕立ててみたりするんです。干した大根の皮なんて、茶色くしなびてカサカサになって、それこそゴミみたいに見えますよ。黙っていたら誰かに捨てられちゃう。「あっ、だめー！」って、私もいつも慌てて止めるんですけれど。そのゴミのように見えるものを、いかにおいしく食べるかを考える。そういうことこそが家庭料理であり、家事というものではないかしら。

干し野菜やマリネ料理のレシピブックを出していますが、あれはつまり、そういう発想からできたもの。干し野菜がおいしいからといって、新しい料理として、それだけを単独で考えたわけじゃありません。

本の形で提案できるのは、ふだんの暮らしの中のほんの一部分です。暮らしは切れることなく、延々とつながっていくもの。「流れ」ているもの。その中で、「じゃあ、皮はどうする?」と考えるからこそ、干し野菜の発想が生まれるんです。「この半端に残った肉は、どうすればおいしく食べられる?」と考えるからこそ、オイルとハーブに漬けて冷蔵庫で保存するマリネ(にすると数日持ちますし、焼くだけでおいしく食べられます)の発想が生まれるんです。

皮まで食べきるならば、できるだけ良い大根を選びたい。材料を無駄なくおいしく食べようとすれば、塩やオイルなどの良質な調味料や、おいしいおだしが必要。良い調味料やおだしを使うなら、すぐ取り出せるここに置いて、この容器やディスペンサーに移しておけば、適量が使えるし液だれもしない……とストーリーはどこまでもつながっていきます。

暮らしを大切にするって、そういうこと。すべてがつながった「流れ」なのです。

この料理は、かぶの皮をむいたほうがおいしい？　むかないほうがおいしい？　というところから考えます。料理はレシピブックの通りに作るのではなく、自分の五感を働かせて作るもの。

かぶの茎は色がさめないように、煮物のあとから加えます。かぶを皮ごと使うときも、茎の付け根の汚い部分だけは捨てます。そう、捨てるのはここだけ（実はこれも利用するのですが。→P114）。こんなふうに分類しながら調理できるから、バットという道具は便利なんですよね。

だしは一度にとってしまいます

ひじきにしても豆にしても、乾物の少量を使って、残りを袋の口を輪ゴムでとめて棚などに入れておくと、結局は長い間食べなくて、気がついたときには賞味期限が切れていたりする。いくら長期保存できるといっても、古くなるとおいしくありません。ですから私は乾物の封を切ったら、一度に全部使ってしまいます。煮たりゆでたりして冷凍しておけば、すぐに料理にアレンジできてラクです。

だしをとるときも、かつお節を一度に1袋使ってしまいます。「えー、そんなに入れるんですか！」と驚かれる方がいますが、これは何も贅沢をしているわけじゃなくて、ちゃんと理にかなったとり方なのです。

かつお節は袋をあけると翌日にはもう、香りが飛んで風味が落ちてしまう食材です。たいてい大袋で売っていますから、みなさん必要なだけ使って、袋の口をゴムなどでとめているかもしれないけれど、それではたちまちおいしくなってしまう。かえってもったいないです。袋をあけたら、全量を使って、たっぷりのおだしをとってしまったほうが合理的で手間いらずなんです。

1袋100g入っているとすれば、おだしが10カップはとれます。すぐに使う分以外は、よく冷ましてから保存容器に小分けにして冷凍を。こうしておけば、使うときは鍋に入れて温めるだけ。インスタントのだしに頼る暇もありません。

だしがらも捨てずに食べられます。昆布は細かく切って、しょうがのせん切りと混ぜ、ごま油、豆板醤《トウバンジャン》、しょうゆ、酢で和えて少し置くと、とってもおいしい和え物ができます。かつお節は二番だしをとってもいいですし、そうでなければしょうゆを混ぜて、120度ぐらいのオーブンで45分~1時間ぐらい、すっかり乾いてカリカリになるまで乾かしてください。それをビニール袋に入れて手でもめば、ふりかけのできあがり。ご飯にかけて食べるのはもちろん、青菜と和えておひたしにしたり、チャーハンに入れたりと活用できます。

こんなふうに乾物も最後まで食べきろうと思えば、品質の良いものを選び、よりよい調理法でおいしく食べようとする。その結果、ゴミが出ない――。インスタントに頼ったり、残りものを簡単に捨てることをやめてみると、私たちの暮らしには驚くほど無駄がなくなるのです。

かつお節1袋100gに対して、水12カップと昆布15cmを大きめの鍋に入れて一晩おきます。昆布を取り出して火にかけ、煮立つ寸前にかつお節を入れます。袋から直接入れられるのも、一度に使いきってしまうから。かつお節を残そうとすれば、湿気を入れたくないから、こんなことはできないわけです。

すぐに火を止めて、かつお節を箸で沈めます。そのまま7分おき、味をみます。水の味がだしの味に変わっていればOK。まだの場合は、さらに2〜3分そのままおきます。

ボウルに浅ざるをのせ、固く絞ったさらしのふきん（乾いたままだと、せっかくのおだしをふきんが吸ってしまいます）を敷いて、だしをこします。

さらしのふきんで包み、自然にだしが下に落ちるのを待ちましょう。雑味が出るので、箸などで押さえるのは避けてくださいね。ちなみに浅ざるはラバーゼのもの。ボウルに盆ざるをのせ、上にさらしのふきんを敷いて、だしをこしてもいいですね。

使ったふきんはボウルへ

　ボウルやバットや鍋といった道具は、使うそばから洗って、洗うそばから拭いて片づけてしまいます。食卓につくときには、なるべくシンクや水きりかごに何もない状態にしたいんです。

　洗いものの水けを拭いたふきんや、そこいらへんを拭いたふきんは、シンクのそばに大ボウルを置いて、使うそばからその中に入れています。濡れたふきんにも、ちゃんと指定席を作ってあげたほうがいいです。ラバーゼにはボウルのふたにもなるトレイがありますので、それで目隠しできるのもいいところ。できれば調理中は、きれいなものしか見たくないですものね。台所仕事の最後には、このボウルごとランドリールームへ持っていって洗濯します。

　使ったあとのふきんを入れておくのに、以前はかごを使ったりもしていました。でもやっぱり、濡れているものを入れるので、ステンレスのボウルが一番安心、という結論です。

すべての材料を目で「見る」

調理に入るとき、私はそのときに使う食材をすべて、作る料理ごとにバットに並べておきます。ひとりであり合わせのものですませる日は別として、切る・煮る・炒めるなどして料理を作るときは、どんな場合にもこれをします。

何度でも繰り返し言いたいのですが、考えているだけでなく、「見える」状態にして、ちゃんと目で「見る」ことで、頭の中は整理されるんです。

食材を並べてみると、これとこれとこれを使って作る——という再確認が自然にできて、料理をする手がスムーズに動くから本当に不思議です。もちろん、全体を見て、「緑のものが足りないな」とバランスをとることもできます。

現代人は頭ばかり働かせて五感をないがしろにしがちですが、目や耳から入る情報や、漂ってくるにおい、手で触った感じというのは、思っている以上に脳へ働きかけるもの。料理も片づけも掃除も洗濯も、家事は五感を使って行うのです。そのほうが絶対にうまくいく。それに五感は日々の訓練で冴えてくるものです。

特選
直火焙煎
いり胡麻

まな板は水でたわしで洗います

包丁の当たりがいいので、まな板は昔からずっと、木製のものを愛用しています。木だと、かびで黒ずんでしまう……という声を聞きますが、それは洗い方に問題があることが多いのです。

ご存じでしょうか、まな板は必ず、まずは水でたわしで洗うのです。

肉や魚などを切ったまな板をお湯で洗えば、素材のタンパク質が固まりやすく、まな板の中に残ってしまいがちです。それが原因で雑菌が繁殖して、かびがはえることになる。また、スポンジではなくたわしを使って木の目に沿ってゴシゴシと洗うのが正解です。亀の子たわしで角までよく洗い、ふきんで水けを拭いて、水きりかごに立てて乾かします。完全に乾いたら、私は棚の中に収納しています。

まな板は使い方にも工夫したいもの。

まず、乾いたものを切るとき以外は、一度、まな板を水で湿らせて、ふきんで拭いてから使うようにしましょう。こうすると、食品のにおいがつきにくくなります。野菜を何種類か切るときは、においやアクの少ないものから切り始めて、1種類を切り終わったら、固く絞ったふきんでサッとまな板を拭いてから、次を切るようにします。いちいち洗っていると手間ですし、まな板が濡れすぎると、素材をきれいに扱えません。

持っていると便利なのが、小さなまな板として使える木の板です。そうめんや佃煮が入っていた木の箱のふたが、まな板にうってつけなのです。私はせっせとためこんでいて、重宝なので大事に使っています。

たとえば、にんにく、しょうがなどの薬味を少し切りたいとき。いつものまな板の上に、この木箱のふたをのせて切れば、においが移らず、軽いのでそのまま器や鍋の上まで持っていけて本当に便利。大きめのふたなら、豆腐を切って、そのままみそ汁の鍋にサーッと落とせます。木箱のふたでも木ですから、包丁を入れたときの感触はプラスティックとまるで違って心地よいものです。

まな板も木箱のふたも、包丁でできた表面の細かい傷に雑菌が入ると、黒ずみの原因になります。除菌ができる漂白剤をつけたふきんをまな板にかけて、定期的に消毒をしましょう。

野菜を切って、引き続き違う野菜を切るときは、固く絞ったふきんでサッと拭いてから、まな板を使います。いちいち洗っていると、まな板が濡れすぎて効率が悪いので。ただし、肉を切ったあとなどは1回ずつ、水とたわしでしっかり洗います。

まな板は水と亀の子たわしで洗います。木目に入った汚れを掻き出すようなつもりでゴシゴシと。洗いものに、洗いすぎ、ということはありません。

洗ったまな板はふきんで水けを拭いて、水きりかごに立てて乾かします。

完全に乾いたら、キッチンの戸棚の中へ。まな板として使っている木箱のふたもここに入れています。

料理中もきれいなら、料理はうまくいく

私はいつも、使う材料を料理ごとにバットにまとめて、目で「見える」状態にしてから調理にかかります。レシピには書いていない部分ですが、こうした料理の〝前後〟や〝流れ〟のことが実はとても重要です。

たとえば、かぶと油揚げをおだしで煮るとき、手順はこんな具合です。

1・かぶをよく見て（自分がかぶと一体化して）、そのほうが可愛らしいから茎を2cmほど残して切る。煮るときはそのほうが歯ごたえがあっておいしいから、皮ごと、縦に½〜¼等分に切る。茎の付け根部分の土を落とすために水に放ち（茎が開いて土を落としやすくなる。竹串でちょっとつついて土を落とす）、茎は葉先を落として食べやすい長さに切る。

2・油揚げを食べやすく切り、水けをきったかぶや茎とバットにまとめておく。

3・だしをとり、使う分だけボウルにとる。残りのだしは冷めたら冷凍する。

4・調理台下の棚から、塩、しょうゆ、酒の容器を取り出しておく。

これで使う材料がすべて揃い、目で「見える」状態になりました。ここから、鍋を取り出して煮始めます。

5・鍋にだしを入れて火にかけ、油揚げを先に入れて、油揚げの味を出しながら、だしを温める。

6・酒、しょうゆ、塩を加えて、煮汁の味をととのえる。

このとき、調味料を計量するのに使ったお玉やスプーンは、あとで調味料を足すこともあるので、バットの縁にかけておきます。

7・かぶを入れて煮る。

鍋を火にかけていると、蒸気でつゆなどが外に飛びますので、私はいつも台ぶきんでガス台を拭いています。無意識にやっているので、最初は自分で気がつかなかったのですが、調理中もしょっちゅう、あちこち拭いているみたいです。

8・かぶが八分通り煮えたら茎を加え、味見をして味をととのえる。

料理をしている最中も、そのとき使うものだけが散らからずに出ていて、ガス台は汚れていず、鍋の中の料理もきれいで、気持ちよさそうにふつふつと煮えている——。これが、おいしい料理のできる台所なのです。

調味料やだしまで、使う材料をすべて揃えて、目で「見える」状態にします。

調理中に使う菜箸、お玉、計量スプーンなどにも指定席を。バットがいいのは、こういうときにも役立つから。

料理はレシピよりも、素材をよく見ること、途中で味をみること、鍋中とよくつきあうことが大切。「きれいだな」「おいしそう」と感じることが大事なんです。

煮ているとき、炒めているとき、私はしょっちゅう、あちこちを拭いているみたい。でも自分では気がついていないのです。無意識に手が動いている。

残ったらすぐ冷凍！

かつお節は一度に1袋使い切って、たっぷりのだしをとります。そして食べる分以外は、粗熱がとれたらすぐに冷凍するのがコツです。保存容器に移したら、日付を書いておくことも忘れずに。うちではそのために油性マジックと、ハサミいらずで手で切れて、スッとはがれるテープをキッチンに常備しています。

私はひとり暮らしなので、ご飯は一度に3合炊いて（少量炊くよりもこのほうがおいしい）冷凍します。このときも、炊き上がっておひつに移したご飯を先に包んでしまうんです。まだ温かいうちに、米粒をつぶさないようにふっくらとラップで包み、熱がとれたら保存袋に入れて日にちを書いて冷凍します。取り寄せているパンも届いたらすぐに（焼いてから時間が経っていないうちに）冷凍して日付を書きます。

作ったり買ったりして、そのとき食べきれない食品は、新鮮なうちにすぐにその場で冷凍する——これを台所仕事の習慣にしましょう。そして冷凍したものは新しいうちに使いきること。おいしく食べるための2大ポイントです。

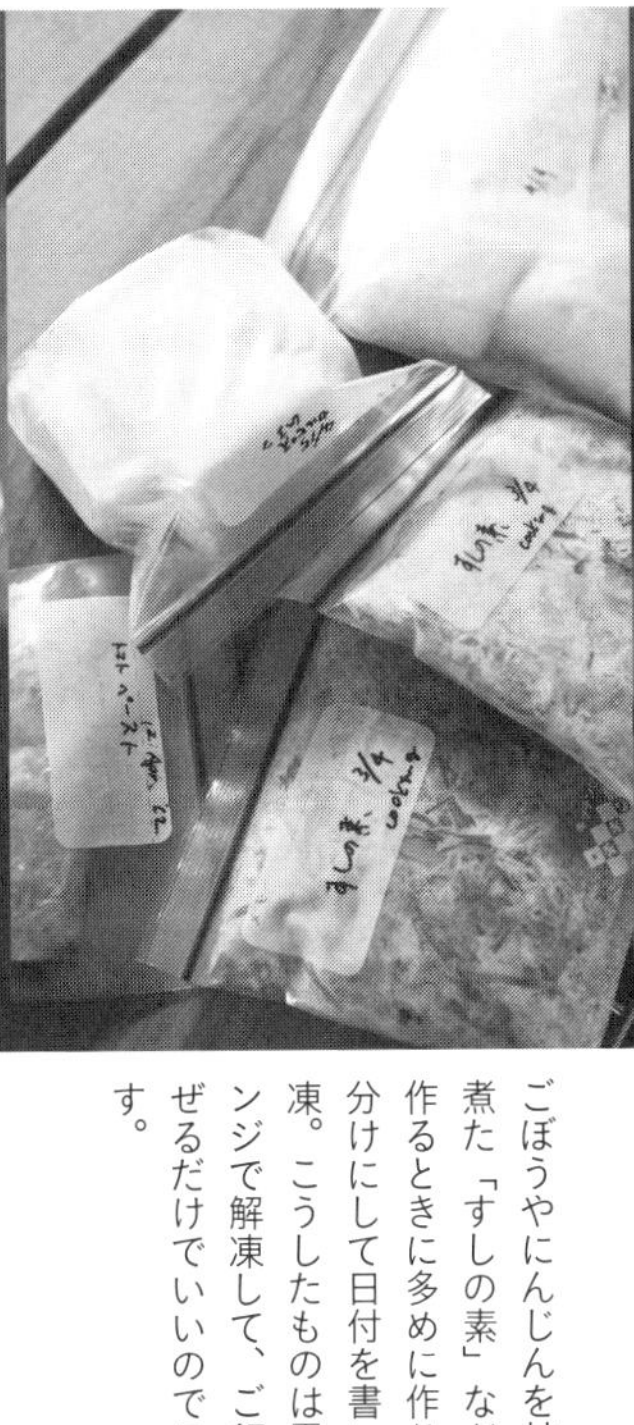

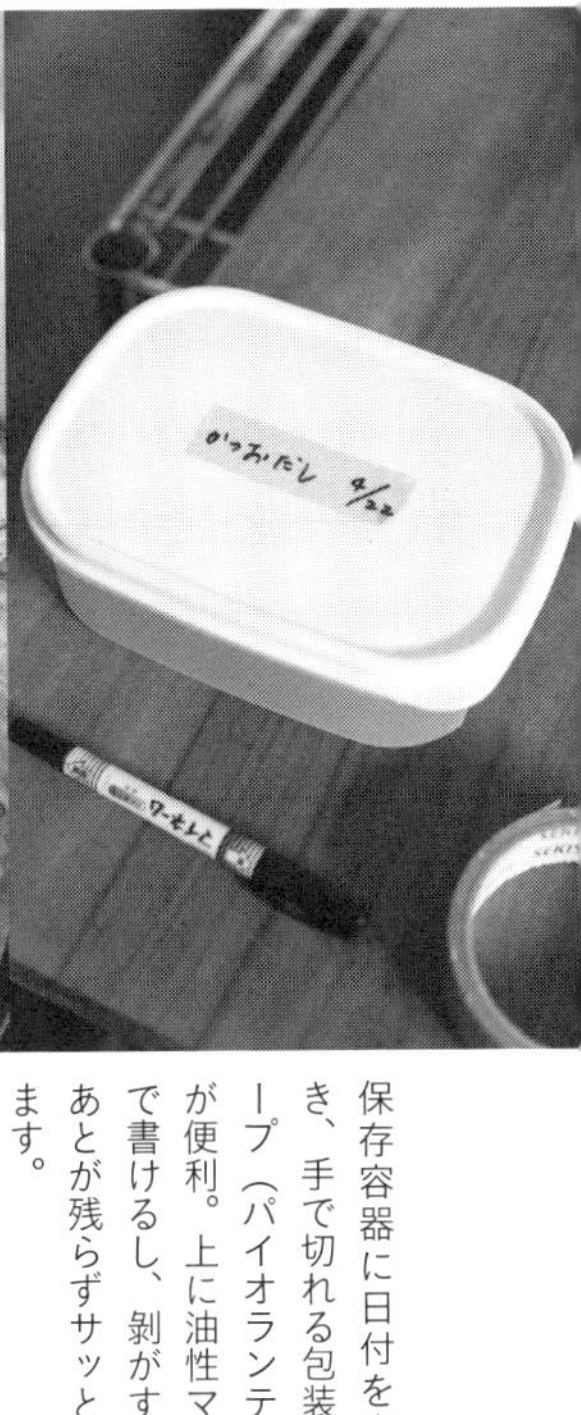

保存容器に日付を書くとき、手で切れる包装用のテープ（パイオランテープ）が便利。上に油性マジックで書けるし、剝がすときもあとが残らずサッと剝がせます。

ごぼうやにんじんを甘辛く煮た「すしの素」なども、作るときに多めに作り、小分けにして日付を書いて冷凍。こうしたものは電子レンジで解凍して、ご飯に混ぜるだけでいいのでラクです。

1ポンドで買うバターも、4つに切って2重ラップで包んで（匂いがつきやすいため）ファスナーつきの保存袋に入れ、日付を書いて冷凍しています。バターも鮮度が大事なので。

冷蔵庫は「開ける＝拭く」

台所仕事をしているときは、気がつくと、いつも右手にふきんを持っていて、どこかしらを拭いています。

たとえば冷蔵庫。私にとって冷蔵庫は「開ける＝拭く」なんです。

冷蔵庫を開けて何かを取り出すと、その下をサッと拭く。たれなどを入れた瓶を取り出すと、下に輪っかの汚れが残っていたりするでしょう？　それを右手のふきんでサッと拭く。注意しているつもりでも、冷蔵庫の中って、何かがちょっとこぼれていることも多いですし、ドアポケットであるとか、ゴムのパッキンであるとか、なんとなく薄汚れていたり、細かいごみがたまっていたりする。ですから気がついたときに掃除する、「開ける＝拭く」がいいのです。

調味料や油を使ったときは、必ず容器の口を拭きます。調理中はガス台のまわりを拭いています。こういうちょこまか掃除を、お料理するたびに毎回やっていますので、うちはあらためて大掃除をする必要がないわけです。

冷蔵庫は開けるたびにどこかしら拭きます。常に右手にふきんを持っている――これが重要かもしれない。

調味料や油を使ったら、口のまわりをサッと拭いておきます。使い古した和太布やびわこふきんが、こういうときに便利です。

何かを火にかけているときも、右手のふきんでそこいらへんを拭きまくっているんです。

洗いものは「手」でするのです

洗いものをするとき、なんでもかんでも洗剤を泡立てたスポンジで、お湯で洗うのが習慣になっていませんか？　器や道具の材質や汚れ具合によって、洗い方は変えたほうがだんぜん合理的だし、汚れもよく落ちます。

同じ器どうしをまとめ、油分のついていないものから先に、洗剤をつけないびわこふきんや手で洗います。油分のついた器は、食事中に使ったナプキンで拭き取ってから、洗剤をつけたスポンジでぬるま湯で洗うとラクです。鍋やフライパンはたわしで。昔ながらの亀の子たわしが丈夫で、力が入るのでおすすめです。

天ぷらの衣などの粉料理に使った道具は、最初に水で、手のひらで洗います。粉ものは湯で、初めからスポンジで洗うと、スポンジ一個が「ダメ」になります。粉に熱が入ると糊状になるからです。

いずれの場合も大事なのは、最後の洗い上がりに必ず手で洗うこと。洗い残しがないかどうかは、手の感触で確かめるのが一番確実なのです。

「さぁ、食事にしましょう！」

テーブルにつくときに台所が片づいている魔法

テーブルについて「さぁ、いただきましょう」というときには、私のキッチンはおおよそ片づいている状態です。

調理台には何も出ていず、シンクにもなるべく洗いものがなく、水きりかごには拭いて棚に納めるばかりのものがほんの少し残っている程度。ガス台の上にも、食後のお茶のためのやかんがのっているだけ。スタッフのいない私ひとりのときも、そうであるように心がけています。

そんなのとても無理……という声が聞こえてきそうですね。片づけと調理の同時進行は難しいって、みなさん言います。使った鍋やボウルやレードルや、場合によっては野菜の皮などまでシンクにごっちゃになっていて、「先に食べましょう。片づけはあとで」なんていうことがままあるとか。

それはやっぱり、「流れ」ができていないからです。食事前に台所が片づいている魔法は自分で起こすんですよ。「流れ」をおさらいしてみましょう。

・そもそも台所仕事の始まりに、前回の食事の片づけが残っていないこと。前の片づけから始めるのでは、それだけ仕事量が増えてしまいます。
・道具が出しやすくしまいやすい状態で、所定の位置にあること。
・調理台などの「台」、冷蔵庫の中、戸棚の中のいらないものをなくして、ものが動くためのスペースを充分に作っておくこと。ものに場所を占領されていると「これをあっちに動かして……」という手間が増え、その分、仕事が遅れます。
・棚などの「空き」スペースに、使う器をあらかじめ用意しておくこと。
・使う材料を目で見て確認して、調理の流れを頭の中で整理&把握すること。
・調理中も、右手にふきんを持っていて、汚れたらサッと拭いておくこと。
・洗いものはためず、料理の手があいたら、ちょっとした合間に洗っておくこと。洗って水けをきったら、拭いて棚などに納めてしまいましょう。

こうしたシステムができて、「流れ」に慣れてしまえば、自然に体が動くようになります。とにかく実践あるのみです。

使う器が決まっていると、その中にきれいに収まるように、頭の中で計算して材料を切ったりしている。だから鍋から移すだけで、盛り付けも決まるんです。

たっぷりのおいしいおだしで、薄めの味つけで煮たかぶと油揚げ。皮ごとのかぶの食感がいいんです。少し苦みのある茎も味のアクセント。

空いている棚（P94〜95の写真でテーブルの後ろに見える棚）の中に、あらかじめ用意していた器を使って。にぎやかな食卓になりました。ちなみに、ご飯が左、おつゆが右が基本ですが、おつゆをたっぷりいただきたいから、我が家の汁椀は大ぶりで。左右逆のほうが食べやすいので、器をこんなふうにセットすることが多いのです。

水きりかごも通過点

冷蔵庫もそうですが、水きりかごも〝もの置き場〟にしてはダメ。家事は滞らせず、「流れる」ことが大切。1ヵ所を滞らせると、ほかの仕事に響きます。

洗って水きりかごの中に入れた道具や器も、いずれ所定の場所に戻さなくてはならないのですから、水けをきったらサッササと拭いて、元の場所に戻すに限るのです。そのために、清潔なふきんを多めに用意しているわけです。

水きりかごは通過点。この標語をいつも頭の中に置いておきましょう。

そうでなくても汚れやすい水まわりが、いろいろなものでごちゃごちゃするのは嫌なので、私はスポンジやたわしを置く専用のトレイのようなものは置いていません。使っている水きりかごには横長のカトラリー入れがありますので、ここを使用中のスポンジやたわしの置き場所にして、水けを充分にきってから、シンク下の掃除道具のコーナーにしまっています。

ですから一日の終わりには、水きりかごには何もない状態なんです。

「おわり」も何もない状態

右・一日の台所仕事の「おわり」の状態が、翌日の「始まり」の状態なのです。ですから調理台の上も、作業台として使うエレクターの上も、ものが何もない、まっさらな状態にします。

上・水きりかごは、一日の仕事が終わると水けを拭き取ります。みんなで立ち働くスタジオのキッチンでは、「トレイの裏側まできちんと拭いてあります」ということが目で見てわかるように、拭いた人がトレイを上にのせておくのが決まり。ときには、まだ乾ききっていないのでシンク下の棚にしまいたくないスポンジが、ぽつんとひとつだけ残されていることも。

第3章

掃除・メンテナンスの技術

究極を言えば洗剤は1本でいいのです

住まいの洗剤は〝スワイプ〟1本です。いただいたりして、洗剤はいろいろ試してみるのですが、結局これに戻ってしまう。もう30年以上使い続けています。

〝スワイプ〟はアメリカ製の万能な家庭用洗剤で、輸入品も扱うスーパーマーケットなどで買えます。濃縮洗剤なので、薄めにすれば宝石も磨けるし、濃いめなら換気扇やガス台の汚れまで落ちる。私は薄いもの、中くらいのもの、濃いもの――と3種類の濃度を常備。専用のスプレー容器に入れて、それぞれをキッチン、浴室、トイレのそばなど、使う場所ごとに置いています。

一緒に、一般の漂白剤もスプレー容器に入れて置いておくんです。そうするとキッチンの流しのヌルヌルや、浴室のタイルの目地の黒ずみが気になったときにすぐにスプレーして掃除ができる。スプレーは手軽だし、少量で広範囲に広がるのが利点。サッとスプレーして、サッと拭く、が私の掃除のスタイルです。

濃度の違う3つの〝スワイプ〟と、漂白剤をスプレー容器に入れて常備。漂白剤は一般的なものを使っていますが、形と見た目が揃ったほうがいいので同じ容器に移して緑のテープを目印にしています。後ろのボトル形が〝スワイプ〟の原液。

ハンディタイプの掃除機が◎

人によって「いい掃除機」は違うんですよね。雑誌に「これがいい」と書いてあっても、残念ながら自分にはあまり使いやすくない場合もあるわけで。どんな広さのどんな家に住んでいるのか、何人家族なのか、外で働いているのか、それとも家にいる時間が長いのか……。情報に流されないで、自分のことやライフスタイルをよくよく考えて選ぶ必要があります。

掃除機はこれまでいろいろな機種を使ってきました。話題のハイテク掃除機も試してみました。その結果、今の私の暮らしにぴったりなのが、マキタというメーカーのハンディタイプの掃除機です。

というのも、私は大掃除もしないし、中掃除とでも言うのかしら、家じゅうの掃除を週末にするとか、あるいは朝の9時から10時までが掃除タイムとか、そういうまとまった掃除の時間を作っていないんです。いつと決めず、気がついたときに気がついたところを、ちょこちょこと拭いたり吸ったりしている。いつも雑巾を持って家の中を歩き回っていて、電話が鳴ったら、そこへ行くまでの間に棚とか、どこかしらを拭いている、みたいな感じ。通りがかりに掃除する、とか、本当にそういう感覚です。

だから、マキタのハンディタイプがとてもいい。たとえばブラッシングをすれば、落ちた毛をすぐに吸いたいけれど、わざわざ重い掃除機を出したくないでしょう。その点、傍らにマキタがあれば、そこだけサッと吸えるわけです。

20分ちょっとでフル充電できて、20分以上使えます。ひとり暮らしの自宅は狭いですので、掃除機はマキタ1台あれば充分です。

スタジオのキッチンには大きな掃除機もありますが、すぐ手の届くところにマキタを出しっぱなしにしています（シンプルな見た目も良いのです）。何かをこぼしたようなときに、そこだけ掃除できるから、仕事中にも重宝。だからそうね、ほうき感覚の掃除機という感じかな。汚れたところを掃き出すみたいな感じで気軽に使えて、ちょこまか掃除派の私向きなのです。

ちなみにこの掃除機、プロの清掃業者や工事現場で使われているというだけあって、コンパクトでありながら吸引力もバツグンです。

調理中のものを置く台として使っているエレクターに、S字フックでマキタを吊しています。一緒に吊してある小ぼうきは、マキタの中にたまったゴミをゴミ箱の上で払うためのもの。これがあると便利なので、セットにして売ればいいのに……と勝手に思ったりして。

料理中もマキタで掃除をしています。スタジオでその日の仕事を終えたときも、キッチンの床に掃除機をかけて、モップで拭いて、そのつど掃除しています。

掃除道具はすぐ使える場所に

「この辺にあればいいな、と思っている場所に必ずあるのよね」とうちでアシスタントがよく言っていますけれど、道具は使う場所に置くことが肝心です。キッチンの掃除道具はシンクの下の戸棚が指定席。こんなものが入っています。

・〝ブリロ〟（洗剤つきスチールウールたわし）
・たわし大小各1個、ブラシ……使用後よく水けをきってから、ここに置きます。
・ゴム手袋。
・3種類の濃度の〝スワイプ〟のスプレー容器＋漂白剤のスプレー容器。
・〝スワイプ〟の原液のボトル、漂白剤の原液のボトル。
・食洗機用のリンス液……グラスが曇っているのが嫌なので。
・揚げ油の凝固剤。

奥のほうまでぎっしりものを入れたりせずに、なるべく一列に並べて、扉を開けたら一目で何がどこにあるかわかるようにしておきます。

Poade
BUY A BOX
Help Fight Hunger
ARM & HAMMER
Pure
Baking Soda
Brillo
OXI CLEAN

ゴミがどこへ行くか考えたことがありますか

いらないものが捨てられてゴミになると、そのあとどう処理されるのか。ゴミはどんなふうに燃やされるのか、燃やされないとしたらどうなるのか……。ちょっと考えてみましょう。それこそ、地球がどうなっていくのか、ということまで想像してみることが必要です。自分の家の中だけがきれいになっても、私たちは本当に幸せにはなれないのです。自分で出すゴミのしまつも、できるだけ自分でしたい。

野菜料理をよく作りますので、うちは野菜くずがたくさん出ます。皮は干し野菜にしたり、むいたなすの皮は細切りにしてピリ辛のきんぴらにして食べたりと、なるべくゴミを出さない工夫をしていますが、それでも残るくずがある。これをなんとか活かせないものかと考えて、野菜のくずをバケツにためてＥＭ菌を混ぜる堆肥作りをしています。３週間ほどで堆肥ができたら、住まいの敷地に穴を掘って埋め、土にもどすのです。ミミズが棲《す》むふかふかの土ができて、植物がよく育ちます。

スタジオのキッチンで使っているのは、大きめのゴミ箱ひとつだけ。野菜くずは堆肥作りなどに活かしますので、ここに捨てるのは肉が包まれていた包装紙とか、使ったペーパーナプキンなどの紙類が多いです。使ったナプキンは、食後のお皿の汚れを拭き取ってから捨てています。

台所はジムなのよ

空間というのは、ものが動くため、人が動くためにあるんです。ものが動くということはつまり人が動くこと。どうせ動くなら、体の芯からキリッと動きたいですね。

台所に立って包丁で何か切っているときも、調理台にお腹をくっつけないで、こぶし1個分あけて、下腹をキュッと引き締めて立つ。そうすれば体幹が鍛えられます。棚の下のほうから重なったお皿を取り出すときも、お腹に力を入れて、背中を曲げずにスックと立つ。これはスクワットの代わりになります。逆に背中を丸めてヨイショと持ち上げようとすると、腰を痛めてしまうので注意です。

右手に雑巾を持って、いつもどこかしら拭いているし、仕事が終われば掃除機をかけたり、モップで拭き掃除をする。台所はまさにジムですよ。しっかり食べて、しっかり動いていれば決して太りません。最近は仕事のあとによく包丁研ぎをしていますが、これだって一日15分のエクササイズと思えばいいわけで。包丁が切れるようになって、二の腕が引き締まるなら、こんなにいいことないじゃない？

美しいふきんの秘密

「糊をつけているんですか」と聞かれるくらい、うちのふきんはピシッとしていますが、糊をつけているわけじゃなくて、干し方に秘密があるのです。

スタジオで使ったふきんはその日のうちに、洗剤と漂白剤を入れて洗濯機で洗います。洗って脱水すると、くちゃくちゃの状態で出てきますよね。それをまずは、きれいな四角に手で伸ばします。ここをていねいにするのがコツなんです。伸ばし方がいい加減だと、繊維が曲がったまま乾いてしまい、それをあとで手で伸ばすのは本当に大変です。

伸ばしたら、半分に折った形で物干し（細いロープを数本渡したタイプを使用）に干す。すると乾いたときに、干してある部分の真ん中を指でつまみ上げるだけで、自動的に美しい四角に折りたためるのです。

四つ折りにして重ねたときに、ピシッと角が揃っている真っ白なふきん――。台所仕事がスムーズに循環している、ひとつの証しのような気がします。

脱水してくちゃくちゃになったふきんを、テーブルの上などに広げて、元の四角い形にきれいに伸ばします。これを半分に折って干すと、乾いたときに真ん中をつまむだけで美しい四つ折りに。たたまなくても、つまむだけでいいのです。

一番上だけがさらしですが、あとは食器を拭く和太布ふきん。きれいに重なったふきんがかたわらにあると、気持ちよく仕事ができます。

味方になるアイロン台

娘たちは「Tシャツはくしゃくしゃがいい」そうですが、私はシワはダメ。子どもの頃に夜中に起き上がって、シーツのシワを伸ばしてきれいに敷き直してから寝た、って親戚に言われますけど、寝ぼけてそんなことをするぐらいで。エプロンもリネンもTシャツもアイロンのかかった、ピシッときれいなのが好きです。

アイロン台のいいのをずっと探していました。日本製はサイズが小さく、かといってアメリカ製なんかだと「どこにしまうの？　これ」っていう大きさです。

長さ（縦）は普通でいいけれど、大ぶりのリネンなどもラクにかけられる幅広のものがいい。クッションが厚めで弾力性があって、アイロンをかけるときに体重をかけるから脚が頑丈でなければ。それでいて軽くて、もちろん折りたたんで隙間に入れておけるもの――。そんな条件を出して、メーカーに作ってもらったアイロン台は、アルミの脚で軽量だけれど、体重をかけてもガタつかずなんとも頼もしいのです。味方になってくれる道具があると、家事はだんぜん楽しくなります。

〝アイロン台に求める条件〟を出して、国内のメーカーに作ってもらった一台。ディノスで取り扱っています。

第4章

使いきる＝生きる

1万円で30人のパーティを開くには？

日本には世界中のものがなんでもあって、古くなったり飽きたりするとポイッと簡単に捨てて、新しくするのがいいとされる風潮がありました。服でも家具でも車でも家でもそうでした。でも今はもう、そういうことの愚かさに気がついている人も多いと思うんです。

すべてが与えられた、すごく良い条件ではないほうが逆にいい。これは私の実感です。第1章にも書きましたが、自分が今置かれている空間が望み通りのものでないとしても、その空間を自分なりに精一杯美しくして暮らしていると、次にはより良い空間が与えられる――。本当のことです。

かつて、1坪たらずの狭い台所を使って、お料理教室を開いたことがあります。そういう状況では、「どうしたら使いやすくなるのかな」と一所懸命考えます。そして、道具をあれこれ揃えるよりも、作業をするためのスペース、つまり何も置かない台を持つことが肝心だとわかる。それならば鍋をいくつも持つよりも、無水鍋ひとつでいいわ、と道具を見る目が備わるし、無水鍋でご飯もパンも焼き魚もお菓子も作ってみようと工夫して、そこからレシピが生まれるわけです。

つまり、「どうしたら、この問題を乗り越えられるんだろう」って、そういうものがないと人間は考えることをしないんですね。

頼まれてパーティ料理を作るときもそうでした。「なんでもお好きにどうぞ」とか「いくらかかってもいい」とかじゃなくて、「予算1万円で」と言われたほうが頭を使います。25年前の話になりますが、実際にやったことがあるんですよ。「30人分を予算1万円でお願い」と友達に頼まれて、「えぇーっ、どうしよう……」という感じだったけれど。でも、やればできるんです。それにそのときの経験はものすごく勉強になった。だから、「できない」じゃなくて、「あ、やってみよう」と思うこと。与えられた条件の中で、頭を使って精一杯やること。それがとても大事だと思う。

これは料理や住まいの話だけじゃなく、結局、全部同じなのです。家事にしろ、仕事にしろ、育児にしろ、人間関係にしろ、全部同じ。自分に与えられたものを大切にして、頭と心をよく使い、その環境なり縁なりを充分に使いきる。そうすれば自然に次へとステップアップできる。私はそう信じています。

私の贅沢

3人の娘たちもそれぞれ家庭を持ち、ひとりで暮らすようになって、もう15年がたとうとしています。ひとりだからこそ、の時間を楽しんでいるのが今の私です。

ひとりだからこそ、父から譲られた骨董の器をていねいに使ったり。ワインもひとりのときほどいいものを。1本を空けるのに私は3日ぐらいかかるので、開栓して3日たっても、おいしいワインでないといけないわけで。それで、良い赤ワインを味わって飲もうということになります。中途半端なものだと最初はよくても最後まで飲みきることができず、残りは料理用と化して、かえってムダにしてしまうんです。

食べるものも、できるだけ良いものを選びます。といっても高級食材を使うわけではなくて、お米やお味噌といった基本のものを吟味する。普段のなんでもない日々の暮らしを、ひとりでもきちっとする――それが一番大事だと、日に日に思うようになりました。ものを大切にすることも、誰かを幸せにすることも、結局、自分自身が心豊かでいないとできないんですよね。大げさなようですが、地球を平和にすることもできないと思う。私たちの日々の暮らしの積み重ねが、世界を作っているのですから。

先日、ちょっとだけ時間があったので、山の家がある野尻湖へ行きました。東京の自宅を朝9時に車で出て、山の家で一晩過ごし、朝の9時にあちらを出て来ましたから、本当にたった24時間の滞在です。その中で、「うちでお昼を食べていって」と言ってくれた地元の友だちのところを訪ねると……。

夜に雪が降り出した、すごく寒い日だったんですけれど、薪を焚いて、暖炉の前にちっちゃなテーブルをしつらえてくれていて。家のそばで採ったというきのこのおつゆと、自家製の漬物と、炊きたてのご飯の素朴な食事、それがなんとも言えずおいしかった。「贅沢な時間だな」って、しみじみ思いました。気持ち、ですよね。心がそこにあるかどうか。普段から自分の心地良い暮らしをしているからこそ、その友だちは豊かで幸せな時間を私にくれることができるのだと思うんです。

ゴージャスなホテルで食事をしたから幸せかって言ったら、全然そうではないです。それよりも、ひとりでゆっくり片づけをする時間や、銀色に輝く枯れ草を道端でつんで部屋に飾る時間のほうが、よっぽど幸せを感じるし、贅沢です。お金を出しても買えないもの、お金じゃない世界。ますます、そちらの〝贅沢〟に惹かれています。

200年もつものと暮らす

いくつか持っている無水鍋は、母から贈られたのが最初のひとつだから、使い続けて50年ほどになります。バーミックスも日本に入ってすぐから愛用しているので30年になるし、冷蔵庫も1台は20年以上たっています。ミキサーも、もう忘れたけれど、ずいぶん昔から同じものを、壊れたら修理しながら使っています。

濃い茶色をした日本の籐つるのかごは50年ぐらい使っていて、平たい形のサルデニアのかごも、うちに来て40年になるかしら。買うときは「ちょっと高いかな」と思っても、40年たったときにこの風合いか……とわかれば、「買ってもいいかな」と思うのです。長く使えるものは、それだけ丈夫でもつわけだし、それだけ長い間一緒にいても嫌じゃないもの。年月を経て、さらに良くなるものもある。

イタリアの知人から買った乳白色の鉢は、白軟陶器というもので、とても柔らかな肌。200年以上たっているらしいです。ここまで長生きのものには、日々を大切に生きることについて、何かこちらが教えてもらえそうな気がします。

少なくとも200年、もしかしたら250年たつというイタリアの白軟陶器の鉢。サラダでもパスタでも、何にでも合います。私のあとも、きっとどこかで大切に使い続けられるのでしょうね。

水草で編んだかごバッグはイギリスの女性作家の作。最初は緑したたるぐらいのグリーンなんです。それが長く使ううちにゴールドに近い色になる。作っている人が「これ、もう20年使っているの」と言う、無造作にポンと放り投げてあるようなのを見て、「ああ、20年後はこれか」と。それで私も彼女に作ってもらいました。

40年選手のイタリア、サルデニアのかご。北欧のものを扱う日本の店で買ったのが最初で、それがサルデニアの女性が編んでいるものだとあとでわかったんです。彼女のところを訪ねて、新しいかごを作ってもらったりもしています。

日本の籐つるのかごは50年ぐらい前に買ったもの。買い物にも持って行くし、大切な器を持ち運ぶようなときに、こういうかごは便利なんですよ。

愛しの「ぼろ」たち

うちには意外にあるんです、「ぼろ」なものが。

たとえばミトン。イタリアのリネンのミトンは色もきれいで、不思議なことに漂白剤を使って洗濯しても色あせないし、手触りもばつぐんです。それで10年ぐらい使い続けているものもあります。

3年ぐらい使うと、どうしても先のほうが焦げたりして穴があくんですね。そうすると自分で補修します。「もう使わないな、これ」というような1枚だけ残っているリネンのプレスマットなどを適当に切って、ミトンの穴のところにかぶせて縫い、つぎはぎをして補強するんです。こういうふうにすると先が厚くなって、いっそう使い心地がよくなるし、なんだか愛着が湧いてしまう。

それで捨てられなくなって、また3年ぐらい使って、またどこかを補強したりして6〜7年使っている……みたいなミトンがいくつもあるわけです。人が見たら「こんなぼろ」って思うでしょうけれど、私には可愛いのね。ちなみに裁縫は苦手です。でも「ボタンつけぐらいはまぁ、やるかな」というレベルの人ですので、縫い目なんてきれいじゃないんですよ。

ふきんも「ぼろ」があります。スタジオでは和太布などの白いふきんを、きちっとたたんだきれいな状態で常備していますが、古くなって繊維がよれてきたものも決してすぐに捨てません。掃除用に格下げして、本当に破れはてるまで使います。

自宅で使っているふきんなんて、最初から「ぼろ」だったりするんですよ。

イギリスで買ったんですけれど、フランスのものらしいアンティークのふきんがあって。あまりにも手触りが素晴らしいので数枚買った中に、ぽこんと大きな穴があいているのがあったりするの。でも、長年水をくぐってきたリネンは使い心地が本当によくて、「穴があいても使い続けていた先人の気持ちもわかる」って、なんだか穴まで愛おしく見えてきます。

だから、ものを「使いきる」って、つまり、そのものを愛することなんだな、って思う。いかがですか、愛するものと暮らしていますか？

手先のほうに自分でつぎをあてて使っている、リネンのミトン。なんだか微笑ましいでしょう？

自宅で使っているフランスのものらしいアンティークのふきん。よく見るとイニシャルが刺繍してあって、Y.A.と見えないこともないので、「これはYoko Arimotoだわ」と勝手に思ったり。ふきんにイニシャルを入れるという感覚もすごいですね。そこまでものを大切に思う気持ち——。

旅の〝おみやげ〟も日常使い

うちの玄関の脇に置いてあるほうき。飾りものだと思っている方が多いみたい。

「すごく掃きやすいです。枯れ葉を集めるのにとても具合がいいんですよ」

と言うと、びっくりして聞かれるのです。

「え、あれ、使ってるんですか！　どこのものですか？　アジア？　それともヨーロッパの……」

「アジアですけれど、長野の黒姫の道の駅で1本100円で買ったんです」

これでまた、ものすごく驚かれる。

畑のキャビアといわれるとんぶりの実がとれるほうき草。名前のとおり、実をとったあとの枝はほうきとして実用できるんですね。道の駅で見つけたときに、なんだかわからないけれど、自然なそのままの形が素敵なので買って帰って。使ってみたら、とてもいい。でも手で持つところの枝がゴツゴツして痛いので、りぼんを巻いてみた、って、ただそれだけのこと。

我が家には、飾っているだけの「使わないもの」はないのです。旅先から持ち帰るものも、日常でちゃんと使う。持ち帰るのは、ちゃんと使えるものに限る、というべきでしょうか。

旅先で見聴きしたアイデアや情報も、日常生活に活かします。

ロンドンのとあるレストランでは、店の外の一角にガーデンコーナーがしつらえてあって。たとえばグリンピースの缶詰の空き缶にグリンピースが植わっていたり、トマトの水煮缶の空き缶にミニトマトが植わっていたりして、とっても可愛らしかった。ささやかなコーナーですので、レストランで出す野菜をそこで作っているとは思えないのですが、アイデアが素敵よね、と感心しました。

うちではイタリアから輸入しているオリーブオイルの空き缶がよく出るし、緑色でおしゃれなので捨てるにしのびなく、「よし、私はあの缶で植物を育てよう」とひらめいたんです。玄関のところにあるトマトの苗を植えてあるのがそれです。

旅は非日常？　そんなことを言ってるのは誰でしょう。私にとって旅は、日常の暮らしをもっと楽しくしてくれるもの。そう、旅も「使いきる」のです。

これが噂のほうき草のほうき。もっと枝が長かったら、魔女が乗っているほうきみたいですよね。自然の枝のままの形も素敵だし、枯れ葉を集めるのに具合よし。

オリーブオイルの空き缶の底に穴をあけて、土を入れ、ミニトマトを育てています。ロンドン仕込みの私流廃品利用法。

自分を使いきる

　まわりを見ていると思うんです。なんだかみんな、世間の流れとか、与えられる情報とか、人の意見を鵜呑《うの》みにしすぎでしょう、って。怠けているんですよね、自分の頭で考えることを。料理教室のときにも私はみなさんに言います。

「私はこれがいいと思ってやっているけれど、あなたは違うかもしれないから、嫌だったらやらなくていい。やり方を変えていいんです。私の料理を作っていてもしょうがないでしょう。レシピはあくまでも参考書。いいように変えて、どうぞ、ご自分の料理にしてください」って。

　新聞に書いてあることも、テレビのニュースも、私は報道の半分も信じていないかもしれない。裏にいろんなことが渦巻いているし、だいたいすべての事柄には裏でお金がまとわりついている。そういう世界は良い方向にいくはずがないと思っていて。

　だから人を頼らず、自分の頭で考えて、自分でできることは自分でする――。生きる環境が少しでも良くなるために、私にできるのはそれしかないと思っています。

たとえばたくわんひとつでも、昔ながらの本当においしいたくわんって、今は買うことができないです。売られているたくわんなら、食べないほうがいいぐらい。だから自分で漬けるのです。で、漬けてみると実はすごく簡単なんですね。そして、とってもおいしい。うちで食べて「こんなにおいしいたくわんは食べたことがない」と感動して、自分でも漬ける人が少なくないです。

そういうことが、暮らしを豊かにすることなんだと思う。ものを買うことでも、ものを捨てることでもなく、自分の頭や体や時間を充分に「使いきる」ことで、暮らしは快適に豊かになるのだと思います。大根でも豆でもなんでも、私たちの口にするものはすべて、命を与えられて世の中にあります。それを最後まで「食べきる」「使いきる」ことで初めて、そのものが生かされる――。

自分もそうです。自分自身も使いきりたい。「充分に生ききったね」と思ってもらいたいし、自分自身も「充分に使いきった。はい、さようなら」と思える人生が理想です。そのためには、ちゃんと食べて、ちゃんと動いて、健康でいなければなりません。料理も家事も人生も大事なことは一緒。要は自分を使いきることです。

有元葉子　ありもと・ようこ

料理研究家。専業主婦、３人の娘の母として家族のために作っていた料理が評判となり、料理研究家に。素材を生かしたシンプルでおいしい料理、洗練された暮らしぶりにファンが多い。料理、暮らしをこよなく愛し、並々ならぬ探究心で試行錯誤を重ね、環境にも配慮した気持ちのよい生活を提案し続けている。オリジナルのキッチン用品「ラバーゼ」をはじめ、使いやすさを追求し、用の美を備えた台所道具の開発にも力を注ぐ。無類の旅好きでもあり、東京・田園調布に構える「ｓｈｏｐ２８１」では、自身がセレクトした台所道具や食材の他、旅先で出合った器や雑貨なども紹介している。著書は、『ふだん着のおかず』『ふだん着のパスタ』（ともに講談社）、『うちのおつけもの』（文化出版局）、『ためない暮らし』（大和書房）など料理書やエッセイが多数。

装丁・本文デザイン　若山嘉代子（L'espace）
編集協力　白江亜古
撮影　青砥茂樹（本社写真部）

使《つか》いきる。
有元葉子《ありもとようこ》の整理術《せいりじゅつ》　衣《い》・食《しょく》・住《じゅう》・からだ・頭《あたま》

２０１３年１月１５日　第１刷発行
２０２５年１月１０日　第１４刷発行

著者　有元葉子《ありもとようこ》

発行者　清田則子
発行所　株式会社　講談社
東京都文京区音羽２-１２-２１　〒１１２-８００１
電話　編集　０３-５３９５-３５２７
販売　０３-５３９５-３６０６
業務　０３-５３９５-３６１５
印刷所　株式会社新藤慶昌堂
製本所　株式会社国宝社

ISBN978-4-06-218146-4